Hermann Wolfgang Beyer

Der Christ und die Bergpredigt nach Luthers Deutung

Salzwasser

Hermann Wolfgang Beyer

Der Christ und die Bergpredigt nach Luthers Deutung

1. Auflage | ISBN: 978-3-84607-849-5

Erscheinungsort: Paderborn, Deutschland

Erscheinungsjahr: 2015

Salzwasser Verlag GmbH, Paderborn.

Hermann Wolfgang Beyer (1898-1942) war ein evangelische Theologe und Christlicher Archäologe. Nachdruck des Origina von 1933.

Der Christ
und die Bergpredigt
nach Luthers Deutung

dargestellt von

Hermann Wolfgang Beyer

Meiner Mutter

„Und es begab sich, da Jesus die Rede vollendet hatte, entsetzte sich das Volk über seiner Lehre." So schildert das Evangelium des Matthäus (7, 28) die Wirkung der Bergpredigt. Dies Entsetzen hat bis auf den heutigen Tag nicht aufgehört. Es war bei denen, welchen die Botschaft Jesu Christi nichts ist als ein einziges großes Aergernis. Es war aber auch bei denen, die kein größeres Verlangen hatten, als sich Jesus als dem Herrn ihres Lebens zu unterwerfen. Dies Entsetzen darf auch nie aufhören. Gerade in ihm wird die Bewegung sichtbar, welche das Kommen Jesu Christi in die Welt ausgelöst hat. Es gibt keine ernsthafte Form, auf die Bergpredigt zu hören, als eben dies Sichentsetzen. Diese Predigt ist das Wort an die Kirche, das sie vor Gottes Wirklichkeit stellt. Und dies Wort trifft den einzelnen Menschen an der Wurzel seines Lebens. An der Art, wie der Mensch vor der Bergpredigt flieht oder ihr stillehält, wie er sich ihren unerbittlichen Sinn zurechtredet, so daß er glaubt, mit ihm fertig werden zu können, oder wie er sich immer wieder über sie entsetzt, wird sein Verhältnis zum Evangelium deutlich. An der Bergpredigt scheiden sich die Geister. Man fühlt: In ihr ist die ganze Botschaft Jesu Christi gegenwärtig. Und doch erscheint diese Botschaft nirgends so unmöglich, so unbegreiflich, so widersinnig als in dieser Rede.[1] Darum hat man auf den verschiedensten Wegen versucht, der Bergpredigt eine Deutung zu geben, in der sie einigermaßen verständlich und erträglich erschien.

1.

Wenn wir verstehen wollen, was Luther zur Auslegung der Rede Jesu auf dem Berge gesagt hat, müssen wir uns zunächst klar werden, in welcher Weise man bisher versucht hat, sich der Bergpredigt zu bemächtigen oder ihre Unbegreiflich-

---

[1] Die Frage nach der Entstehung der „Bergpredigt" innerhalb der Formgeschichte der Evangelien kann hier ganz außer acht gelassen werden. Wir haben es mit dem Ganzen von Matth. 5—7 zu tun, das als eine Einheit in der Geschichte und in der Gegenwart des Christentums seine jeden Christen fordernde Bedeutung hat.

5

keit doch irgendwie begreiflich, vielleicht sogar als in Taten umsetzbar erscheinen zu laffen. Wir vergegenwärtigen uns die gedanklich möglichen For= men, in denen man die Bergpredigt deuten kann.

1. Am raschesten ist man auch mit ihren schärfsten, den Menschen am härtesten bedrängenden Sätzen fertig, wenn man sie als eine rein geschichtliche, aus der Lage Jesu heraus zu deutende Erscheinung faßt. So hat es die historische Theologie immer wieder versucht.[2]) Für sie war dann die Bergpredigt aus Jesu Gegensatz zur pharisäischen Theologie seiner Zeit zu verstehen. Das Streitgespräch — so sagte man — zwang ihn, deren rabbinische Formeln zu überbieten und seine Forderungen darum in der überspitzten Weise aus= zuprägen, in der sie heute vor uns stehen. Es ging Jesus dabei gar nicht um die Erfüllbarkeit, sondern um die klare Herausarbeitung seiner Haltung im Gegensatz zur pharisäischen, am israelitischen Kultgesetz geschulten Frömmigkeit.

2. Eine im Ansatz ähnliche und in der Durchführung doch ganz andere Deutung fand Anklang, als Albert Schweitzer Jesus zwar auch aus seiner Zeit heraus, aber eben darin als ganz vom Glauben an die letzten Dinge her bestimmt zu ver= stehen lehrte. Dann sind alle Gebote der Bergpredigt von der Voraussetzung aus zu deuten, daß das Ende dieser Erdenwelt unmittelbar bevorsteht, und sie gel= ten dann nur noch für die kurzen Tage, in denen sich die Jünger für den Her= einbruch des Reiches Gottes rüsten, als „Ausnahmegesetz des letzten Entscheidungskampfes"[3]).

3. Auch die Deutung hat man versucht, daß die Forderungen der Bergpredigt nie für alle Menschen, auch nicht für alle Christen, sondern immer nur für einen beschränkten Kreis, ursprünglich für die Zwölfe oder höchstens eine etwas größere Schar von Sendboten Jesu gegolten hätten. Daraus hat die katholische Theologie des Mittelalters ihre Lehre entwickelt, nach der es sich bei den Forderungen der Bergrede nicht um allgemeingültige Gebote, son= dern um Räte, gute Ratschläge, für die besonders Frommen handelt, die in der Lage sind, über das allen Christen Auferlegte hinaus ihr Leben ganz

---

[2]) Man unterrichtet sich jetzt darüber am besten bei Hans Windisch, Der Sinn der Bergpredigt, 1929. Windisch unterscheidet seine „historische" Auslegung der Worte Jesu aus ihrer Zeit heraus von dem Versuch einer eigenen „Theologie der Bergpredigt". Er gibt aber auch einen Ueberblick über die bisherigen Deutungsversuche.

[3]) Johannes Weiß, Die Schriften des Neuen Testaments I, 277.

der Nachfolge Jesu zu widmen. Das waren in der ältesten Zeit die Apostel, sind dann später und in der Gegenwart vornehmlich die Mönche, die „Religiosen"[4].

4. Im Gegensatz zu all diesen Versuchen, den strengen, allezeit gültigen Gebotscharakter der Sätze Jesu wegzuleugnen, steht die Auffassung der Schwärmer von den ältesten Zeiten des Christentums bis zu Tolstoi und den religiösen Sozialisten unserer Tage. Sie alle sind sich darin einig, daß in der Bergpredigt eine Gesetzgebung Christi vorliegt, die in dieser Welt erfüllt werden muß, und zwar genau dem Buchstaben entsprechend. Ueber den Grad der Durchführbarkeit sind freilich auch sie verschiedener Meinung, und so haben sie denn die verschiedenen Gebote sehr verschieden ernst genommen, häufig nur gewisse eigene Lieblingswünsche herausgegriffen, die sie in der Bergpredigt bestätigt fanden. Rein durchgeführt ist diese Auffassung bei Tolstoi, der sich für die wörtliche und gesetzliche Erfüllung der Gebote Jesu ohne jede Rücksicht darauf einsetzt, ob dadurch die ganze Weltordnung aus den Fugen geht.[5]

5. Als ein vollgültiges, wörtlich zu nehmendes Gesetz hat man auch im orthodoxen Luthertum die Bergpredigt weithin aufgefaßt. Aber man fügte hinzu: Gott hat in ihr ganz bewußt undurchführbare Forderungen aufgestellt, um uns dadurch unsere ganze menschliche Ohnmacht gemessen an seinem Willen offenkundig zu machen und uns eben dadurch auf den allein möglichen Weg der Erlösung durch die Gnadentat Christi zu weisen. Jedes Bemühen, die Bergpredigt im menschlichen Leben durch eigene Willensanspannung zu erfüllen, ist also — im geraden Gegensatz zur Deutung der Schwärmer — Auflehnung gegen Gott, solange hinter solchem Tun noch die Hoffnung steht, das Ziel ließe sich vielleicht doch durch Menschenkraft auf dieser Erde erreichen. Die Bergpredigt hat dann keinen anderen Sinn, als die Klippe

---

[4] Zur Geschichte des Begriffs „Evangelische Räte" vgl. Karl Thieme: RE³ IV, 274 ff. Belege für die Zeit Luthers gibt Hugo Laemmer, Die vortridentinischkatholische Theologie (1858) S. 171 ff. Luther hat sich schon in den Resolutionen zu den 95 Thesen Conclusio 69 gegen eine Auslegung von Worten der Bergpredigt als Ratschläge und nicht als Gebote gewandt: WA 1, 619₃. Diese Auffassung Luthers hat die Theologische Fakultät zu Paris 1521 in ihrer Determinatio Theologorum Parisiensium super doctrina Lutheriana in aller Form verurteilt (lateinischer Text: Corp. Reform. 1, 382; Luthers Uebersetzung: WA 8, 284): „Dieser Artikel ist falsch und beschwert allzu sehr das christlich Gesetz und ist wider den rechten Verstand der heiligen Schrift."

[5] Tolstoi, Kurze Darlegung des Evangeliums 1882; Was sollen wir denn tun? 1884—86. Tagebuch von 1895—1903. Rudolf Hermann, Die Bergpredigt und die ReligiösSozialen, 1922.

auf unserer selbstsicheren Lebensfahrt zu sein, an der wir notwendigerweise scheitern müssen.

6. Verbreiteter ist heute auch unter frommen Christen die Anschauung, daß die große Rede Jesu nicht wörtlich zu nehmende Vorschriften enthalte, zumal ja dann die Auswahl recht zufällig sei, sondern die Gesinnung aufzeige, aus der heraus der Christ sein Leben gestalten soll. Alles Einzelne sei nur Beispiel. In allem aber werde die große sittliche Grundforderung Jesu deutlich, daß der Mensch sein Dasein ganz und gar mit opferbereiter, schenkender Liebe erfülle. In der Anwendung dieser Haltung könne man dann sehr wohl gerade zum Gegenteil der von Jesus genannten Beispiele kommen. Nicht daß man seine Backe dem anderen darbiete, sondern daß man ihn kräftig schlage, könne dann in einem tieferen Verständnis Erfüllung des Liebesgebotes Jesu sein. An der das ganze Leben durchdringenden Gesinnung hänge alles. Das ist letztlich auch der Grundgedanke von Johannes Müllers großangelegter Deutung der Bergpredigt.[6]) Ob solche Haltung für den Menschen einigermaßen vollziehbar ist oder ob auch dies Verständnis der Forderungen Jesu letztlich nur zur Einsicht unseres Unvermögens führt, bleibt dabei offen.

7. Zu Ende gedacht ist die „Gesinnungsethik" da, wo sie als „radikaler Gehorsam" gefaßt wird, der nicht eine sittliche Eigenschaft des Menschen ist, sondern etwas in stetem Vollzuge Befindliches, ein immer neues „in der Entscheidung Stehen". So hat man die Bergpredigt Jesu als den reinen Ausdruck der Wirklichkeit des Reiches Gottes verstanden, die eine andere Wirklichkeit ist als die dieser Erdenwelt. Wir Menschen aber werden eben dadurch in eine unser ganzes irdisches Sein durchbebende Spannung versetzt. Wir leben auf dieser Erde mit ihren unaufhebbaren Bindungen, mit der Eigengesetzlichkeit allen Gemeinschaftsseins. Wir können uns dem nicht entziehen. Wir müssen begehren und kämpfen. Und doch stehen wir unter der Bergpredigt. Und doch empfinden wir ihre Rufe, so sehr wir hier um ihre Unerfüllbarkeit wissen, als unbedingt zwingend. Dies Gerufensein in eine höhere Wirklichkeit macht uns zu Menschen, die der Erlösung harren, die selig sind in Hoffnung. Wir wandern zwischen zwei Welten — und das eben gibt unserem Christenstande die Eigenart, bis einmal Gottes in der Bergpredigt offenbare und als Seligpreisung uns zugesprochene Herrlichkeit uns ganz umfangen wird.

---

[6]) Johannes Müller, Die Bergpredigt. Verdeutscht und vergegenwärtigt. 1906.

Es sind der Deutungen genug. Ist eine von ihnen die Luthers? Ist eine von ihnen die rechte? Oder kann die Bergpredigt uns noch tiefer packen?

2.

Auch Luther hat um die Schwierigkeiten der Auslegung dieses wundersamsten Stückes der Bibel gewußt. „Noch hat der höllisch Satan keinen Text in der Schrift funden, den er schändlicher verkehret und mehr Irrtum und falscher Lehre draus gemacht hat, denn eben diesen, der dazu geordnet und gestellet ist von Christo selbst, daß er sollt falsche Lehre verkomen (verhindern): das heißt ein Meisterstück des Teufels".[7] „Und kann nicht wissen, wie der leide Teufel sonderlich das fünfte Kapitel (des Matthäus) durch seine Apostel so meisterlich verdrehet und verkehret hat, daß er eben das Widerspiel draus gemacht."[8] Eine Auslegung, welche die Bergpredigt rein von der einmaligen geschichtlichen Lage Jesu her erklärt, sei es von dem Wortgefecht mit den Pharisäern, sei es von dem Endzeitbewußtsein Christi her, kam für Luther natürlich gar nicht in Frage. Für ihn war auch die Bergpredigt ewiges Wort Gottes, mit dem gleichen Geltungsanspruch in seine Zeit hineingesprochen wie in die der ersten Hörer auf dem galiläischen Berge.

Luther sah, daß von zwei Seiten her die Bergpredigt verkehrt wurde. Gegen diese beiden Fronten wendet er sich. Die eine grobe Mißdeutung kommt für ihn von Rom her, von den „Juristen und Sophisten" unter den römischen Theologen, „des Papst Eseln", wie er in hellem Unmut sagt, allen denen, die da lehren, „daß Christus hie nicht von seinen Christen alles geboten noch gehalten wolle haben, was er im fünften Kapitel lehret, sondern habe viel Stück allein geraten denen, so vollkommen sein wollen".[9] So haben sie die

---

[7] WA 32, 299 19. Vorrede zur Auslegung der Bergpredigt von 1532. Ich gebe alle Anführungen aus Luthers deutschen Werken in einer Umschrift in unsere heutige Schreibweise, welche die Wortstellung ganz und den Wortklang nach Möglichkeit unangetastet läßt. Es ist schade, daß wir noch keine volkstümliche Ausgabe der Schriften Luthers besitzen, welche nach diesen Grundsätzen gearbeitet ist. Die Rechtschreibung des 16. Jahrhunderts erschwert manchem Leser das rasche Verständnis; jede Uebersetzung in unser heutiges Deutsch aber nimmt Luthers Sätzen ihre Wucht und oft auch ihre Tiefe.

[8] WA 32, 299 13.

[9] WA 32, 299 28: vgl. auch WA 11, 249 9: Von weltlicher Oberkeit, wie weit man ihr Gehorsam schuldig sei, 1523.

9

Lehre von den „evangelischen Räten" erdichtet, „die man halten möge, wer da wolle, so er etwas vor und über andern Christen Höheres und Vollkommeneres sein will".[10] Einen „wahrhaft erschreckenden Irrtum" hat Luther diese An=schauung einmal bei Tische genannt.[11] Er erkannte sofort die Folgen einer solchen doppelten Sittlichkeit: die völlige Abstumpfung der Laien, wenn für sie die Berg=predigt ihre Verbindlichkeit verlor, die Ueberheblichkeit der Religiosen, die meinten, durch Befolgung der Ratschläge Jesu etwas Besseres zu sein als die anderen. Noch schwerer wog für ihn die in dieser willkürlichen Deutung liegende Mißachtung des Bibelworts. Christus spricht nicht von Räten, sondern „nennet's mit dürren Worten Gebote".[12] Daran ließ Luther nicht rütteln, daß Jesu Worte für jeder=mann die gleiche Geltung haben müßten.

Die andere Verkehrung des Sinns der Bergpredigt sah Luther durch „die neuen Juristen und Sophisten, nämlich die Rottengeister und Wiedertäu=fer" vollzogen, „welche aufs neue aus ihrem tollen Kopf das Herzeleid anrichten in diesem fünften Kapitel". „Sie lehren, man solle nichts Eigens haben, nicht schwören, nicht Oberkeit noch Gericht halten, nicht schützen noch verteidigen, von Weib und Kind laufen und des Jammers viel. Also blauet und brauets der Teufel auf beiden Teilen unternander, daß sie kein Unterschied wissen zwischen weltlichem und göttlichem Reich..."[13] Also auch diejenigen, die eine volle wörtliche Befol=gung der Bergpredigt aus einem rein gesetzlichen Verständnis heraus lehren, weist Luther mit Entschiedenheit ab. Er sieht auch klar den religionsgeschichtlichen Zusammenhang, in dem diese Deutung steht. Er nennt auch sie „mönchisch", in=sofern auch hier der Menschenwille sich bemüht, mehr zu leisten, als Gott geboten hat. Diese geistesgeschichtliche Linie geht durch das Heidentum und Judentum ebenso wie durch die katholische Kirche. Für Luther ist das Schwärmertum auch in seinen heidnischen Formen nie etwas anderes gewesen als eine besonders gefähr=liche Seite Roms.[14]

Während der Reformator die römische und die schwärmerische Deutung der Bergpredigt von vornherein mit Entschiedenheit verwirft, bleiben die drei letzten von uns aufgezeigten Möglichkeiten ihres Verständnisses zunächst unerörtert.

---

[10] WA 32, 300 5.

[11] WA Tischreden III 3774. Luther sah auch einen entscheidenden Irrtum des Johannes Hus darin, daß er sich an diesem Punkte vom Papsttum nicht getrennt hatte.

[12] WA 32, 300 4; vgl. WA 11, 249 9.   [13] WA 32, 300 34; 301, 1.   [14] WA 32, 301 24.

10

Wir werden sehen, in welcher Form sie bei Luther erscheinen und welche Bedeutung er ihnen zumißt, wenn wir jetzt die Frage aufwerfen: **Wie sah Luthers eigenes Verständnis der Bergpredigt im Gegensatz zu den von ihm zurückgewiesenen Verkehrungen aus?**

3.

Der Antwort vorausgeschickt sei ein Wort über **die Quellen**, aus denen wir sie erheben können. Wir besitzen eine umfangreiche Auslegung der Bergpredigt, die unter Luthers Namen geht. In Vertretung des nach Lübeck berufenen Bugenhagen hat Luther in der Wittenberger Stadtkirche vom Oktober 1530 bis zum April 1532 wöchentlich am Mittwoch über Matthäus 5—7, am Sonnabend über Johannes 6—8 gepredigt. Die Mittwochpredigten hat irgend jemand nachgeschrieben und irgend jemand unter Umwandlung ihres Predigtcharakters in eine fortlaufende, recht glatt lesbare Auslegung für den Druck bearbeitet und unter Luthers Namen mit einer von diesem geschriebenen Vorrede herausgegeben.[15] Im Herbst 1532 ist das Buch in dieser Gestalt erschienen. Wer der Nachschreiber und wer der Herausgeber war, wissen wir nicht. Daß es eine Nachschrift Rörers gab, ist uns überliefert, ob sie als Vorlage für den Druck gedient hat, ist ungewiß. In einer Tischrede hat Luther einmal zu Bugenhagen gesagt: „Ich studiere die Predigt Christi beim Abendmahl (Luthers ebenfalls bearbeitete Predigten von 1537/38 über Joh. 14—16), und ich hab kein besser Buch gemacht; zwar ich habs nicht gemacht, sondern Creutziger. Sermo in monte (die Bergpredigt) ist auch gut, aber dies ist das best."[16] Daraus sehen wir, daß Cruciger solche Arbeiten zu machen pflegte; und wenn Luther in diesem Zusammenhang sofort das Buch über die Bergpredigt einfiel, so scheint mir der Schluß recht naheliegend, daß auch seine Bearbeitung von dem getreuen Gehilfen Luthers stammt. Aber eine Unsicherheit bleibt. Und gewiß ist, daß man die Sätze dieser Auslegung — mit Ausnahme des Vorworts — nur mit großer Vorsicht als lutherisch verwerten darf. Offensichtlich hat sich eine Fülle melanchthonischen Gedankengutes, dazu allerlei Halbverstandenes eingeschlichen. Ob Luther das Buch in seiner jetzigen Fassung auch nur gelesen

---

[15] WA 32, LXXV ff. und 299 ff.: „Das fünfte, sechste und siebent Kapitel S. Matthäi gepredigt und ausgelegt."

[16] WA Tischreden V 5275.

hat, ist fraglich. Man muß also so vorgehen, daß man auch alle anderen Aeußerun=
gen des Reformators über die Bergpredigt heranzieht und aus der Auslegung
von 1532 nur diejenigen Gedanken verwertet, welche durch gleiche oder wenigstens
ähnliche Aussprüche als lutherisch erwiesen sind. Dafür kommen einmal die zahl=
reichen Predigten in Frage, welche Luther über solche Stücke der Bergpredigt ge=
halten hat, die als altkirchliche Evangelienperikopen gebraucht wurden: Matth. 5,
1—12 am Tage Allerheiligen (bis 1522), 5, 20—26 am 6. Sonntag nach Trini=
tatis, 6, 24—34 am 15., 7, 15—23 am 8. Sonntage nach Trinitatis. Sie ermög=
lichen es, Luthers Ringen um das Verständnis des großen Textes durch zwanzig
Jahre hindurch zu verfolgen. Außerdem hat er die Grundfragen der Bergpredigt
gelegentlich in seinen ethischen Schriften erörtert. Am schönsten wohl in der aus=
führlichen Abhandlung über ihre Forderungen in der Schrift „Von weltlicher
Oberkeit, wie weit man ihr Gehorsam schuldig sei" von 1523.[17] Die so gewonne=
nen Einzelaussagen müssen dann natürlich in den großen Zusammenhang seines
Verständnisses der Botschaft Christi im Ganzen eingereiht werden.

4.

Die Deutung der Bergpredigt ist für Luther ein Stück seines Ringens um Ver=
ständnis des **Verhältnisses von Gesetz und Evangelium**. Kein
Zweifel, daß Jesu große Rede Evangeliumsverkündigung ist. Luther weist immer
wieder darauf hin, daß ihr erster Klang Seligpreisung ist, „ein feiner, süßer,
freundlicher Anfang seiner Lehre" mit „Reizen und Locken und lieblichen Ver=
heißungen".[18] Aber ebenso wenig zweifelhaft ist es, daß es sich in allen ihren
Sätzen um Gebote Christi handelt, von den Mahnrufen, die durch die Selig=
preisungen hindurchklingen, bis zu dem Höhepunkt, den nachzusprechen man sich
immer wieder scheut: „Ihr sollt vollkommen sein, gleich wie euer Vater im Him=
mel vollkommen ist" und bis zu dem Ausklang: „Gehet ein durch die enge Pforte!"
Aber wie sind diese Gebote Christi zu verstehen? Handelt es sich um eine einfache
Wiederaufnahme des alten israelitischen Gesetzes oder um ein neues Gesetz Christi?
Was aber soll das Eine oder das Andere inmitten der Verkündigung der Froh=

---

[17] WA 11, 248 ff.
[18] WA 32, 305 6; WA 10 III, 400 3: Predigt über Matth. 5, 1—10 vom 1. November 1522.
WA 12, 621: Predigt über Matth. 5, 20.

botſchaft? Wie ſteht es um das Verhältnis der neuen beſſeren Gerechtigkeit, die Jeſus fordert, zu der alten der Schriftgelehrten und Pharifäer? Das ift die Kernfrage.

„Im Neuen Teſtament hellt und gilt Moſes nicht“, hat Luther immer wieder gefagt.[19]) Er gilt nicht in dreifachem Sinne. 1. Das Geſetz als ein Weg, auf dem man fich Gottes Gnade verdienen kann, ift aufgehoben. 2. Als Ordnung des öffentlichen Volkslebens ift dies Geſetz ungeeignet. Moſe ift „der Juden Sachſenſpiegel“ geweſen.[20]) Aber eine Uebertragung des jüdiſchen Volksgeſetzes — Stapel würde fagen: des jüdiſchen Nomos — auf Luthers Volk und Zeit ift nicht möglich. „Darum kann (Moſes) Geſetz auch bei uns nicht in allen Stücken rund und völlig gelten; denn wir müſſen unſers Lands Geſtalt und Weſen anſehen, wenn wir Recht und Geſetz ftellen oder brauchen wollen, weil unſer Geſetz und Recht auf unſer und nicht auf Moſes Lande und Weſen Geſtalt, gleichwie Moſe Geſetz auf feines und nicht auf unſers Volk Weſen und Geſtalt geſtellet find.“[21]) Wir brauchen ein unſerer völkiſchen Eigenart angepaßtes Recht. 3. Das moſaiſche Gefetz aber hat auch nicht darin feine bleibende Bedeutung, daß ihm ebenſo wie der Bergpredigt das natürliche Geſetz zu Grunde liegt, das in aller Menſchen Herz geſchrieben fteht. Gewiß ift dies die „Auffangsform“ des Liebesgebotes Chriſti. Als folche ift es Vorftufe und Unterton deſſen, was Jeſus auf dem Berge von den Menſchen gefordert hat, wenn er nach Matth. 7,12 fich auf den Satz berufen hat: „Alles nun, das ihr wollet, daß euch die Leute tun follen, das tut ihr ihnen auch.“[22]) Das ift „ein lebendig Buch im Grunde des Herzens“. Aber daran kann doch kein Zweifel beſtehen, daß die Forderungen der Bergpredigt, auch wenn fie in jenem natürlichen Empfinden eine Einbruchsftelle in das Gewiſſen des Menſchen haben, alles naturhafte Wollen zerbrechen und völlig verwandeln wollen. In keiner dieſer drei Formen ift die Bergpredigt für den Chriſten Fortſetzung des Geſetzes Moſe. Und doch fagt Jeſus Matth. 5,14 mit aller Beſtimmtheit: „Ihr follt nicht wähnen, daß ich kommen bin, das Geſetz oder die Propheten aufzulöſen; ich bin nicht kommen aufzulöſen, fondern zu erfüllen.“ Das kann doch nur befagen: In einer von den drei genannten möglichen Arten feiner Uebernahme völlig verſchiedenen Weiſe behält das Geſetz feine ewige, heilsgeſchichtliche Bedeutung als ſchlechthin gültige Offenbarung von Gottes Willen für alle Zeiten. Inſofern das

---

[19]) WA 18, 358 35. Wider die räuberiſchen und mörderiſchen Rotten der Bauern, 1525.
[20]) WA 18, 81 7.   [21]) WA 30 III, 225 24.   [22]) WA 17 II, 102 8.

Gefetz Offenbarungstat Gottes an die Menschheit ift, nimmt der es auf, durch den Gott, nachdem er manchmal und mancherleiweife geredet hat zu den Vätern durch die Propheten, nun redet als durch den Sohn.

Was aber heißt dann: Jefus fei gekommen, das Gefetz zu „erfüllen"? Luther macht fich, das klar am Gegenfatz zu dem, was Auguftin darunter verftand.[23]) Der deutete das Erfüllen in doppelter Weife: 1. Das Gefetz als Gefetz noch vollkommener machen, feine Lücken ausfüllen ufw. 2. Das Gefetz in Werk und Leben in vollem Umfange befolgen. Gegen das Erfte wendet Luther ein: „Das Gefetz ift an fich felbs fo reich und vollkommen, daß man nichts dazutun darf." Auch Chriftus kann das 1. Gebot nicht überbieten. Angefichts der zweiten Deutung Auguftins aber erhebt fich ja gerade die Herzensnot, daß wir das Gefetz nicht erfüllen können, und die Frage, ob es wirklich nur dazu da fei, um uns das klar zu machen. Luther verfteht den Begriff darum anders: Jefus hat das Gefetz „erfüllt", indem er ihm 1. in der Bergpredigt die vollkommene Auslegung gegeben, indem er es 2. verwandelt hat in die Freiheit und Gebundenheit der Kinder Gottes hinein und fo einen Weg zu feiner wirklichen Erfüllung gezeigt hat. Durch beides deutet Luther, indem er etwa fieht, „wie fich die acht Seligkeiten in die zehn Gebote ziehen und wie fie es auslegen und leicht machen",[24]) das Gefetz in das Evangelium hinauf.

5.

Die vollkommene Auslegung des Gefetzes, die Jefus in der Bergpredigt vollzieht, befteht darin, daß er es vertieft aus einer Regelung menfchlicher Taten in eine unüberbietbare Forderung an die Grundhaltung des ganzen Menfchen. „Das Evangelium fieht die Herzen an, geht zu Grund und Boden, fieht in das Herz hinein, hat mit den äußerlichen nimmer nit zu fchicken."[25]) Die Beifpiele find rafch zur Hand. Aus dem „Du follft nicht töten" des Alten Teftamentes wird: „Du follft nicht zürnen!" Wo das alte Gefetz den Ehebruch verbietet, verurteilt Jefus fchon das bloße Begehren, das in den Sinnen auffteigt. Nicht nur der Meineid, fondern der Eid fchlechthin wird unterfagt. Luther nennt das ein „geiftiges" Ver-

[23]) WA 32, 356 25.
[24]) WA 10 III, 401 33.
[25]) WA 10 III, 404 3.

ständnis der Gebote.[26] „Den Alten ist gesagt: Du sollst nicht töten! Aber ich sage euch" — so umschreibt Luther die Worte Jesu — „ihr sollt nicht zürnen im Herzen, ein sanft Herz haben, kein zornig, unfreundlich Werk oder Gebärde gegen euern Nächsten führen und tragen."[27] Wenn man das 5. Gebot, wie Luther es tut, von Matth. 5 her versteht, dann hat es nicht nur den groben Sinn des Tötens mit der Faust, sondern geht auf die geheimste Regung des Herzens. Auch mit einem Wort, mit einer Gebärde, mit einem Gedanken kann der Mensch Mord begehen. „Drum ists nicht genug, daß du äußerlich kein Mörder bist; denn ob die Hand gleich still hält, so ist doch der Grund des Herzens vergiftet; denn du gönnest deinem Feinde nichts Gutes, lachest in die Faust, wenn es ihm übel gehet, wenn er krank ist, verdirbt oder stirbt; und wenn's ihm wohlgehet, vergönnst du ihm's nicht. Das alles heißt: morden und totschlagen. Und diese hübsche Tugend stickt allen Menschen von Natur in ihrem Herzen."[28] Der Gedanke, daß wir vor Gott alle Totschläger sind, ist uns zur Selbstverständlichkeit geworden. Aber Luther mahnt seine Gemeinde von der Kanzel, ihn einmal wirklich ernst zu nehmen und auf die täglichen Vorgänge unseres Alltagslebens anzuwenden. Dann überkommt uns das Grauen über die Wirklichkeit, die dieser Satz ausspricht. Dann ahne ich, daß mein ganzes Dasein durch ihn erschüttert wird. Was habe ich noch für ein Lebensrecht, wenn mein Sein in einem fortgesetzten Vernichten anderen Lebens besteht? Luther erfaßt jetzt den Ernst der Einsicht, daß Gott mit seinen Geboten nicht von diesem oder jenem Tun, nicht von den Gebundenheiten des Triebes in meinem Fleisch oder von den Schwächen meiner Seele, sondern vom ganzen Menschen spricht. „Wer bin ich denn? Eine Einheit aus Seele und Leib."[29] Dies Ganze meines Menschseins ist von Gott zur Vollkommenheit gefordert. Und dies Ganze ist in der Mordlust, in der eigensüchtigen Begierde befangen. Wenn die unbedingte Gottesforderung auf den ganzen Menschen bezogen wird, so wird die Gottesferne deutlich, in der wir uns befinden. Und erst bei dieser Deutung des Gebotes wird ganz offenkundig, daß wir es von uns aus nicht zu erfüllen vermögen. Wir werden ja niemals mit den Regungen des Zürnens und Begehrens fertig, die immer wieder in uns aufsteigen. Der Taten meiner Hand kann ich viel-

[26] WA 9, 417 1: Predigt über Matth. 5, 1—10 vom 1. Nov. 1519. „Christus autem omnia spiritualiter accipienda docet."

[27] WA 10 III, 401 9.   [28] WA 16, 509, 19: Predigt über das 5. Gebot vom 5. 11. 1525.

[29] WA 15, 646 7: Predigt über Matth. 5, 20 ff. vom 3. 7. 1524.

leicht eben noch Herr werden. Die rechte Haltung meines Herzens kann ich nicht erzeugen; sie kann ich mir nur schenken lassen; sie ist da oder sie ist nicht da. Wie Luther das meint, hat er am schönsten an dem bekannten „groben fleischlichen Exempel" gezeigt, das er im Sermon von den guten Werken entwickelt: „Wenn ein Mann oder Weib sich zum Andern versieht Lieb und Wohlgefallens und dasselb fest gläubt, wer lehret denselben, wie er sich stellen soll, was er tun, lassen, sagen, schweigen, gedenken soll? Die einige Zuversicht lehret ihn das Alles und mehr denn not ist. Da ist ihm kein Unterschied in Werken. Tut das Groß, Lang, Viele so gerne als das Klein, Kurz, Wenige und wiederum. Darzu mit fröhlichem, friedlichem, sicherem Herzen, und ist ganz ein frei Geselle. Wo aber ein Zweifel da ist, da sucht sich's, welchs am besten sei. Da hebet sich Unterschied der Werk auszumalen, wo mit er mag Huld erwerben, und geht dennoch zu mit schwerem Herzen und großem Unlust, und ist gleich gefangen, mehr denn halb verzweifelt, und wird oft zum Narren drob."[30]

So wird deutlich, inwieweit Luther die Bergpredigt auf die „Gesinnung" be= zieht, wenn man dies Wort jetzt richtig versteht, nicht als einen Teil, auch nicht den grundlegenden meines sittlichen Wollens, sondern als Ausdruck dafür, daß Gott mein Menschsein als Ganzes auf seine Forderung schlechthinniger Vollkom= menheit bezogen hat. Zugleich wird klar, inwiefern auch nach Luthers Anschauung die Bergpredigt dazu da ist, um uns zur Einsicht unserer Verdammnis zu bringen. Durch das Eine ist nichts von Gottes Forderung weggebrochen; sie ist im Gegen= teil bis zur letzten Möglichkeit verschärft. Durch das Andere ist offenbar geworden, daß all unser strebendes Bemühen zum Scheitern verurteilt ist. Aber weder das Eine noch das Andere ist Luthers letztes Wort zur Sache. Er vollzieht nun auch nicht etwa einen Sprung derart, daß er dies sündige Leben sein läßt, was es ist, und die Erlösung in einem ganz anderen Raume sucht als dem der Erfüllung der Bergpredigt. Sondern durch die bisher erarbeiteten Einsichten weiß er uns in die= jenige menschliche Haltung hineingerufen, in der das Evangelium zu uns sprechen kann. Wie das Gebot: „Ich bin der Herr dein Gott, du sollst nicht andere Götter haben neben mir" Verkündigung des Evangeliums ist, so ist es auch das: „Ihr sollt vollkommen sein, wie euer Vater im Himmel vollkommen ist!" Wenn Jesus sagt: „Ihr sollt!", dann will er es auch wirklich, dann schenkt er uns eine Mög= lichkeit, durch die das Geforderte Wirklichkeit werden kann. Wir können von uns

---

[30] WA 6, 207₁₅: Von den guten Werken, 1520.

16

das in der Bergpredigt offenbarte Reich Gottes nicht herbeiführen. Wir können seinem Anspruch nicht einmal standhalten. Es vernichtet uns durch sein Kommen. Oder: Gott verwandelt unser entwurzeltes, dem Vergehen ausgeliefertes Sein in ein neues Leben. Er tut es so, daß er von sich aus die Möglichkeit schafft, daß durch uns hindurch sein Wille mit der Menschheit doch zu seinem Ziel kommt. Er schenkt uns die Haltung, in der wir tun können, was Jesus von uns fordert.

6.

Was Luther unter der Haltung versteht, in der die Berg= predigt erfüllt wird, macht er klar am Begriff der „geistlichen Armut". Er tut es in seiner nüchternen, theologischen Art, indem er in sauberer Begriffsscheidung zu verstehen sucht, was denn unter dem „geistlich arm Sein" gemeint ist, das im ersten Satz der Bergpredigt selig gepriesen wird und offen= bar die Voraussetzung alles Weiteren enthält.

Er erkennt, daß es dreierlei Arten von Armut gibt.[31]) Die erste ist die Armut an äußeren Mitteln. Um die kann es sich in der Seligpreisung nicht handeln. Denn äußerliche Güter sind kein Unrecht, sondern Gottes Gabe und Ordnung. Armut an Geld und Gut kann dagegen durchaus mit schäbiger Gesinnung verbunden sein und verdient dann alles eher, als selig gepriesen zu werden. Immer wieder muß Luther den Kopf schütteln über Franz von Assisi, „das doch ein frummer Mann gewest ist, also daß mich wundert, wie er so närrisch und grob hie gestolpert hat, der sich hie hat in Armut geben und ... hat das Evangelium also heraus in zeitlich Armut gezogen wider Christum".[32]) Umgekehrt glaubten die Juden, zu denen Jesus sprach, nicht nur im Besitz des Landes zu sein, da Milch und Honig fließt, sondern mit dem ganzen Reichtum ihrer Geschichte, ihres Gesetzes, ihres Tempels vor Gott zu stehen. Nicht solchem Haben oder Nichthaben gilt die Selig= preisung. Die zweite mögliche Form der Armut ist die grauenvollste. Es ist die= jenige, die da nichts hat und auch nichts mehr wünscht. Sie ist der Tod hier schon im Leben. Die dritte Art von Armut ist die „geistliche". Sie ist dort, wo man die Frage versteht: „Weißt du auch, daß du ein Gast hie bist?" Geistlich arm sein heißt, daß der Mensch „seine Zuversicht, Trost und Trotz nicht setze auf zeitliche Güter noch das Herze drein stecke und lasse den Mammon seinen Abgott sein".

---

[31]) WA 9, 417 8.   [32]) WA 10 III, 404 7.

Geiſtlich arm „heißet ein Herz, das ſich nicht bindet an Gut und Reichtum, ſondern ob es gleich hat, noch iſt ihm gleich, als hätte es nichts, wie Paulus von den
Chriſten rühmet 2. Kor. 6, 10: Als die Armen, aber die doch viel reich machen, als
die nichts inne haben, und doch alles haben". „Nicht daß man von Gut, Haus,
Hof, Weib und Kind ſolle laufen und im Land irr gehen, ander Leut be-
ſchweren…, ſondern es heißt alſo: Wer mit dem Herzen Haus, Hof, Weib und
Kind laſſen kann, ob er gleich darinne ſitzet und dabei bleibt, ſich mit ihnen nähret
und aus der Liebe dienet, wie Gott geboten hat, und doch dahin ſetzet, wo es die
Not fordert, daß er's könne um Gottes willen alle Stunde fahren laſſen. Biſt du
ſo geſchickt, ſo haſt du alles verlaſſen, alſo daß das Herz nur nicht gefangen ſei,
ſondern rein bleibe vom Geiz und Ankleben… und mag wohl ein Reicher geiſtlich arm heißen und darf darum ſein Gut nicht wegwerfen, ohn — wenn er aus
Not davon laſſen ſoll, ſo läßet er's in Gottes Namen, nicht darum, daß er gerne
von Weib, Kind, Haus und Hof ſei, ſondern viel lieber behält, ſolang es Gott
gibt, und ihm damit dienet, und doch auch bereit, wenn er's ihm wieder nehmen
will."[33])

In dieſem Verſtändnis iſt die erſte Seligpreiſung eine Auslegung des 1. Ge-
bots.[34]) Wenn man dieſes recht begreift, ſo wird in ihm eben die geiſtliche Armut
gefordert, die jede Bindung außer der an Gott ſelbſt zu zerbrechen bereit iſt. Alles
andere wäre Abgötterei. Das 1. Gebot fordert ebenſo wie die 1. Seligpreiſung,
daß der Menſch ſeine ganze Zuverſicht allein auf Gott ſetzt und auf niemand und
nichts Anderes, daß er alles Gute und Gnade von ihm allein erwartet, im Tun
oder im Leiden, im Leben oder Sterben, in Lieb oder Leid.[35]) Dieſes Gott als den
einigen Herrn Anerkennen aber iſt Glauben. Unter dem 1. Gebot ſtehen, in dem
Gott uns zuſagt, daß er unſer Herr ſein will, und geiſtlich arm ſein und glauben
iſt das gleiche. Im Glauben aber, in der ganzen, jede andere Bindung ſprengenden Hingabe an Gott, wenn ich nicht mehr lebe
als eigenſüchtiges Ich, ſondern Chriſtus in mir lebt, erfülle
ich die Gebote, auch die der Bergpredigt wahrhaftig.[36]) Das iſt
Luthers entſcheidender Satz zum Verſtändnis der großen Predigt Jeſu. „In
dieſem Werk" — dem geiſtlich arm Werden, dem Glauben — „müſſen alle Werk
gehn und ihrer Gutheit Einfluß gleich wie ein Leben von ihm empfangen."[37])

<hr>

33) WA 32, 307 32 ff.; dazu 10 III, 403 ff.
34) WA 10 III, 402 8.   35) WA 6, 209 24.   36) WA 6, 209 33.   37) WA 6, 204 31.

Selig die geistlich Armen, denn d. Himmelreich. Ja ihr.
Heil den Armen im Geiste, denn ihnen gehört d. Reich der Himmel.
Übersetzung der Luzgardisch. Ausg.
Aber sind die Geistlich Armen?

Es gibt dreierlei Armut

1. die Armen an äußeren Mitteln, zeitlicher Armut.
2. Nichts haben, nichts wünschen; d. i. Tod
3. Geistliche Armut.   Haben als hätte man nicht.
   nicht man oder allzeit lassen können.

Auslegung der 1. Gebote.

Geistlich arm sein u. erbauen ist der gleiche
   Zuversicht allein auf Gott sehen

Zur alle Jesu in meinem Herzen halten, ja d.
   Erfüllung der ganzen Barmherzigkeit.
   der Gott vermacht meine heutigen Tun nichtig
   nachgefällige.

Zum göttl. Dingen an, hier unwissend
den Unwissenden wird d. Geheimnis aufgeschlossen (von M
ihnen Mund.
Die hier Orgel
Zeichen u. Klingen ist die Dorforgel, die alten Melodien stark

Der Glaube wandelt mein sündiges Tun und gibt ihm „Gutheit". Denn der Glaube ist ja die wagende Gewißheit, daß der lebendige Gott in seiner vergebenden Liebe an meinem schwachen, unvollkommenen sündigen Tun Gefallen hat und es von sich aus herrlich hinausführen wird. In dieser geistlichen Armut wird das schwache, bange Menschenherz rein. Da hat es Gott und den Himmel und alles, was darinnen ist. Das aber heißt: dem Menschen sollen Tod, Sünde und Hölle hinwegsein, er soll Gott zum Freunde haben, ein fröhliches Gewissen und das ewige Leben.[38]) Mit solchen Worten beschreibt Luther das, was wir Vergebung oder Rechtfertigung aus dem Glauben nennen. Dazu gehört auch die Freiheit von des Lebens Last. „Selig sind, die da Leid tragen." Dazu gehört auch die Freiheit von der Sorge. „Bittet, so wird euch gegeben." „Sehet die Vögel unter dem Himmel ... schauet die Lilien auf dem Felde an ..." Jetzt wird der in grenzenlosem Vertrauen kindlich selige Grundton der Bergpredigt über aller Gewissensnot und Lebensangst verständlich. Auch für Luther gehören Sittlichkeit und Freude zusammen. Auch insofern ist seine Haltung gegenüber dem Leben vom Geist der Bergpredigt getragen. Von daher müssen nun all die einzelnen Sätze und Forderungen der drei Matthäuskapitel ihre Lebenswirklichkeit bekommen. Geistlich arm heißt völlig frei sein von den Dingen. Insofern muß ich imstand sein, wenn es not tut, Rock und Mantel herzugeben. Mein Herz darf nicht daran hängen. Geistlich arm sein heißt sich gläubig hingeben an Gottes Willen. Die Seligkeit liegt darin, daß ich es tun darf. Und das ist nicht nur das Erfahren eines geheimen Wunders, nicht nur überwältigtes Genießen im stillen Kämmerlein. Das ist Sendung in die Welt. „Ihr seid das Salz der Erde." „Also laßt euer Licht leuchten vor den Leuten, daß sie eure guten Werke sehen und euren Vater im Himmel preisen."

7.

Wie sehen aber nun diese guten Werke in der Wirklichkeit des irdischen Alltagslebens aus — gemessen an der Vollkommenheitsforderung der Bergpredigt? „Selig sind die Sanftmütigen", heißt es da. „Liebet eure Feinde!" wird da geboten. Aber da hebt ja die große Not erst an. „Wie kann ich den Papst lieb haben", fragt Luther, „den ich täglich schelte und fluche?" Und auch billig! fügt er sofort aus ehrlichster Ueberzeugung hinzu.[39]) Soll man wirklich niemals schwören, auch wenn man dadurch einen

---

38) WA 10 III, 405 4.   39) WA 32, 398 21.

Menſchen von falſchem Verdacht befreien kann? Soll ein Vater wirklich ſein Kind nicht ſtrafen? „Wiederum iſt das eine große Unbarmherzigkeit, ja ein gräulicher Mord, wenn ein Vater ſein Kind ungeſtraft läßt: denn es iſt ebenſoviel, als würget er's mit ſeinen Händen.“[40]) Gott wird doch einmal von den Eltern die Kinder fordern, die er ihnen befohlen hat.[41]) Soll man wirklich niemals dem Uebel widerſtreben? „Was wäre das für eine törichte Mutter, die nicht wollte ihr Kind vor einem Hund oder Wolf ſchützen und retten und darnach ſagen: ein Chriſt ſollt ſich nicht wehren?“[42]) Genau ſo kann Luther mit fröhlichem Spotte von dem Recht des Krieges reden: Wenn der Türke uns mit Krieg überfällt, was er freilich nicht tun dürfte und woran er doch nicht gehindert werden kann, ſollen wir dann Loewenſche Theologen als Geſandte zu ihm ſchicken, damit ſie ihm erklären: du darfſt nicht kämpfen, ſonſt müſſen wir dich verdammen? Und ſollen wir ihn dann ruhig wüten laſſen und uns damit brüſten, daß wir eigentlich die Sieger ſeien?[43])

Offenbar iſt in allen dieſen Fällen ein anderes Verhalten von uns gefordert als das in der Bergpredigt beſchriebene. Und doch ſollen deren Gebote die geheimſten Regungen unſeres Herzens beſtimmen! Wie reimt ſich das zuſammen? Noch ein= mal ſtehen alle unſere Aengſte und Fragen in uns auf.

Warum darf Luther dem Papſt fluchen? „Antwort aufs einfältigſt: Ich habe oft geſagt, daß das Predigtamt nicht unſer Amt, ſondern Gottes iſt; was aber Gottes iſt, das tun wir nicht, ſondern er ſelbſt durch das Wort und Amt als ſein eigen Gabe und Geſchäft.“ „Des heiligen Geiſtes Amt und Werk ſei, daß er ſoll die Welt ſtrafen; ſoll er ſie aber ſtrafen, ſo ... muß er ſie ſchelten und übel an= fahren, wie Chriſtus über ſeine Phariſäer Weh ſchreiet.“[44]) Er tut es ſogar in der Bergpredigt. Luther beruft ſich aber auch auf Stephanus in ſeinem Verhalten gegen die Juden, auf Paulus gegenüber Elymas oder ſelbſt gegenüber Petrus. L u t h e r m a c h t a l ſ o e i n e U n t e r ſ c h e i d u n g z w i ſ c h e n e i n e m H a n = d e l n i m A m t u n d e i n e m H a n d e l n f ü r m i c h ſ e l b ſ t. Das gilt ſelbſt= verſtändlich nicht nur vom geiſtlichen Amt des Theologen und Predigers, ſondern ebenſo von jedem weltlichen Amt vom König bis zum Büttel. „Wer nu ſolch

---

[40]) WA 41, 325 21: Predigt über Luk. 6, 36 ff. vom 20. 6. 1535.
[41]) WA 6, 254 30.
[42]) WA 32, 391 10.
[43]) WA 8, 51 14. Rationis Latomianae confutatio, 1521.
[44]) WA 32, 398 25.

Amt hat zu strafen, schelten usw., der tu es. Aber außer dem Amt, halte sich ein jeglicher dieser Lehre, daß du nicht scheltest noch fluchest, sondern alles Guts wünschest und erzeigst, ob er gleich Böses tut, und also die Strafe von dir schiebest und befehlest denen, die das Amt haben."[45] Luther unterscheidet zwischen den Menschen, die zum Reich Gottes gehören, den wahren Christen, und denen, die zum Reich der Welt gehören. Die Ersten sind gut von Natur wie jener Ehemann, dem die Liebe, ohne daß er zu überlegen braucht, eingibt, wie er seinem Weibe Gutes tun kann. Sie bedürfen keines weltlichen Schwertes noch Rechts. Sie leitet der heilige Geist, und unter ihnen besteht keine Gefahr, daß der Friede gebrochen wird. Unter den Kindern der Welt ist das anders. Sie sind noch beherrscht vom Bösen. Sie sind erfüllt von jener Mordlust, die Luther so deutlich als Art des natürlichen Menschen aufgedeckt hat. Sie würden sich vernichten und das Gute unter ihnen zuerst, wenn nicht Gott Staat, Schwert und Recht unter ihnen auf= gerichtet hätte und die Aemter, dieser Gottesordnungen zu walten. Nun weiß aber Luther doch, daß „kein Mensch von Natur Christen oder frumm ist, sondern all= zumal Sünder". Darum bekommen Staat, Schwert, Recht und Amt ihre Voll= macht in dieser Welt. Und selbst wenn es hier und da wirkliche Christen gäbe, müßten sie sich um der schwächeren Brüder willen der weltlichen Ordnung leidend und mitarbeitend fügen. „Weil ein rechter Christen auf Erden nicht ihm selbs, sondern seinem Nächsten lebt und dienet, so tut er von Art seines Geistes auch das, deß er nicht bedarf, sondern das seinem Nächsten nutz und not ist."[46] Er bleibt freiwillig in dem, was Gogarten das „Hörigsein" eines Menschen gegen den andern nennt.

Auf die Bergpredigt angewandt, heißt das: „Ein Christ soll keinem Uebel widerstehen, wiederum eine Weltperson soll allem Uebel widerstehen, sofern sein Amt gehet."[47] Ja Luther kann das gefährliche und mißverständliche Wort aus= sprechen: Matth. 5 gehe eigentlich nur die Christen von Natur an. „Nu sie aber Unchristen sind, gehen sie die Wort nichts an."[48]

Ist es aber nicht etwas höchst Bedenkliches, was Luther hier tut? Macht er nicht das Gleiche, ja Schlimmeres wie die römischen Theologen? Errichtet er nicht eine doppelte Sittlichkeit? Aber nicht so, daß zwei Schichten von Christen

---

[45] WA 32, 402 12; WA 41, 325 1.
[46] WA 11, 249 ff.; 253 23: Von weltlicher Oberkeit, wie weit man ihr Gehorsam schuldig sei, 1523.   [47] WA 32, 393 37 ff.   [48] WA 11, 252 29.

säuberlich geschieden werden, die durch das Tragen von Kutte, Strick und Tonsur für jeden kenntlich gesondert sind, sodaß man sofort weiß, was man vom Einen und vom Andern zu fordern hat, sondern so, daß er in der niemals sichtbar zu machenden Unterscheidung von wirklichen Christen und Unchristen einen Freibrief von der Befolgung der Bergpredigt ausstellt? Ja noch mehr: Zerstört er nicht die vorher von ihm mit solchem Nachdruck aufgestellte Behauptung von der Einheit des ganzen Menschen wieder und reißt ihn in einen Mann im Amt und einen Mann außer dem Amt auseinander? Nur der Letztere untersteht dann noch dem Anspruch der Bergpredigt, während der Erstere der durch die Sündigkeit der Welt bedingten Eigengesetzlichkeit der irdischen Lebensverhältnisse ausgeliefert ist.

Man hat Luther in der Tat so verstanden. Troeltsch in seinen „Soziallehren der christlichen Kirchen und Gruppen" und Wünsch in der einzigen umfassenden Sonderuntersuchung über Luthers Deutung der Bergpredigt haben es getan.[49] Da heißt es etwa vom Christen — wie Wünsch ihn nach seinem Verständnis Luthers sieht —: „Als innerer Mensch handelt er im Gottesreich unter voller Erfüllung der Moral der göttlichen Güte, als Weltmensch im Amte folgt er der Eigengesetzlichkeit der Welt in der Moral der Gewalt und Macht."[50] Das Eine geschieht dann in der „privaten Welt", das Andere im Berufe. Wenn diese Deutung Luthers zu Recht bestände, dann wäre die Art, wie er mit der Bergpredigt fertig geworden wäre, allerdings eine der schlimmsten Verkehrungen dessen, was Jesus verkündigt hat.

Sehr naheliegende Erwägungen hätten freilich die Vertreter solcher Lutherauslegung stutzig machen sollen. Von alledem, was wir bisher über Luther entwickelt haben, von seinem Verständnis der Erfüllung des Gesetzes durch die Auslegung auf den ganzen Menschen hin und durch seine Verwirklichung im Glauben — Dinge, die kaum abzustreiten sein werden — führt zu der Deutung, die den Menschen im Amt einfach der Eigengesetzlichkeit der bösen Welt überläßt, schlechterdings kein Weg. Jedes Verständnis der Auslegung im Einzelnen aber muß folgerichtige Auswirkung jener Grundeinsichten Luthers über Gesetz und Evangelium sein.

Noch rascher fragwürdig aber wird jene ganze Lutherauslegung, sobald man sich einmal klar macht, was der Reformator unter dem Handeln im Amt versteht.

---

[49] Ernst Troeltsch, Die Soziallehren der christlichen Kirchen und Gruppen, 1912, vgl. besonders S. 473—809. Georg Wünsch, Die Bergpredigt bei Luther. Eine Studie zum Verhältnis von Christentum und Welt, 1920. [50] Wünsch S. 222.

Er meint damit doch keineswegs nur feierliche Handlungen in Amtstracht und Amtsstube und auch nicht nur die weltlichen Berufe. Sondern jeder Mensch, Mann und Weib, Erwachsener und Kind, steht nicht nur in einem Amt, sondern in einer Fülle von Aemtern. Nicht nur in meinem Lebensberuf, sondern als Bürger in jeder Wahlversammlung, aber auch in jedem politischen Gespräch daheim bei Tische, als Richter, als Seelsorger, der ich oft genug sein muß, als Sohn, als Ehemann, als Vater stehe ich im Amt. „Siehe, so reden wir jetzt von einem Christen in relatione (in seinen Beziehungen), nicht als von einem Christen (in seinem reinen, vereinzelten Stehen vor Gott), sondern gebunden in diesem Leben an ein ander Person, so er unter oder über ihm oder auch neben ihm hat, als Herrn, Frau, Weib, Kind, Nachbar usw., da einer dem andern schuldig (Gogarten würde wieder sagen: hörig) ist zu verteidigen, schützen und schirmen, wo er kann."[51] Ich verstehe mich selbst nur, wenn ich mich in den vielen Amtsgebundenheiten sehe, in denen sich mein Leben erfüllt. In allen diesen Beziehungen muß ich hart sein, richten, schelten, für mein Volk kämpfen, meine Familie schützen, ehelich Leben führen, meine Kinder strafen. In alledem soll die Bergpredigt nicht gelten? All dies Tun soll wider ihre Forderung sein? Was bleibt dann eigentlich noch von ihr übrig?

So kann es Luther nicht meinen. Wir müssen fragen, ob jene Gebundenheiten wirklich nur Verstrickungen in eine gottferne Welt, ob jene Aemter eigengesetzliche Hervorbringungen einer Menschheit, die in allen Lebensregungen gegen die Bergpredigt handelt, sind oder Gottes Setzungen und Ordnungen, die dem gleichen Ziel dienen wie die Forderungen der Predigt Jesu. Wir müssen zusehen, ob nicht im Vollzug meiner Amtspflicht als solcher wie in dem Mensch- und Christsein, das auch während dieses Vollzuges nicht aufhört, doch ein Stehen unter der Predigt und ein Erfüllen ihrer Forderungen vom Glauben aus möglich, ja von Gott geboten ist.

8.

Wie steht es um das Verhältnis der Ordnungen des irdischen Lebens und der sich daraus ergebenden Aemter zu Gottes Willen mit der Menschheit? Was ist — um ein brennendes Beispiel herauszugreifen — der Sinn des Staates?

---

51) WA 32, 390 33.

Den Staat gibt es für Luther um der menschlichen Sünde willen. Das hat eben Gogarten wieder zwingend gezeigt.[52] „Der Staat ist diejenige Ordnung, mit der sich der Mensch zu sichern sucht gegenüber dem Chaos und gegenüber den zerstörenden Gewalten, von denen seine Existenz in der Welt bedroht ist, und zwar gegen die Gewalten und die Zerstörung, die aus seinem eigenen Wesen entspringen.“[53] Das soll eine Wiederaufnahme der lutherischen Einsicht sein, daß Gott „außer dem christlichen Stand und Gottesreich ein ander Regiment verschafft und sie (die Menschen, die nicht ganz und gar vom Grunde ihrer Natur aus Christen sind) unter das Schwert geworfen, daß, ob sie gleich gerne wollten, doch nicht tun konnten ihr Bosheit und ob sie es tun, daß sie es doch nicht ohn Furcht noch mit Friede und Glück tun mögen, gleichwie man ein wild böses Tier mit Ketten und Banden fasset, daß es nit beißen noch reißen kann nach seiner Art, wie wohl es gerne wollt.“[54] Trotz dieser Einsicht und obwohl sie wesensmäßig völlig verschieden sind, schließen sich für Luther Reich Gottes und Staat nicht aus wie bei Augustin. Es ist Gottes gnädiger Wille, daß wir Menschen uns nicht aus der am 5. Gebot veranschaulichten, und an der Bergpredigt in ihrer ganzen Furchtbarkeit aufgedeckten Mordlust vernichten. Er will uns im Dasein erhalten, um dann sein eigentliches Werk an uns zu tun, uns umzuwandeln aus den alten zu neuen Menschen, zu seinen Kindern. Darum ist es Gnadentat Gottes, daß es so etwas gibt wie den Staat, wie Obrigkeit überhaupt, angefangen vom Verhältnis des Vaters zu seinem Kinde. M a c h t u n d G e w a l t d e s S t a a t e s, das was Luther das Schwert nennt, s i n d — was freilich nur der Glaube verstehen kann — G o t t e s O r d n u n g. Um unserer Sünde willen müssen wir darüber erschrecken, nicht, wie es gewöhnlich geschieht, um der Härte willen, mit der uns das Schwert trifft, statt deren wir sehr viel lieber so etwas wie „Güte“ walten sähen. Ob das Erste der Fall ist und nicht das Andere, erkenne ich daran, ob ich zugleich mit dem Erschrecken dankbar bin dafür, daß Gott die Obrigkeit mit ihrer harten Gewalt über mich gesetzt hat, wie der Mensch für die Zuchtrute, die ihn

---

[52] Friedrich Gogarten, Politische Ethik. Versuch einer Grundlegung, 1932. Besonders S. 54 ff., 108 ff., 171 ff. Was bei Gogarten unerledigt bleibt, ist die Frage, wie sich von Luthers Verständnis des Staates her die Außenpolitik, die Erfüllung der geschichtlichen Sendung eines Staates innerhalb der Weltgeschichte gestaltet. Sie kann auch in unserem Zusammenhang nur angedeutet werden.

[53] Gogarten S. 53.

[54] WA 11, 251 2.

24

trifft, dankbar sein soll, ja daß ich mit zitternder Freude erkenne, welche Aufgabe Gott meinem Volk und mir als seinem Teil gesetzt hat, indem er uns die Gestaltung eines Staates mit der Vollmacht seiner Sendung anvertraut hat. Der Staat leistet durch Gottes Gnade dem Reiche Gottes einen schlechthin unentbehrlichen Dienst. „Weil denn Gott die Welt nicht will wüst und leer haben, sondern hat sie geschaffen, daß Menschen drauf wohnen und das Land arbeiten und füllen sollen, wie Genesis am Ersten steht, und solches Alles nicht mag geschehen, wo kein Friede ist, wird er gezwungen als ein Schöpfer sein eigen Geschöpfe, Werk und Ordnung zu erhalten, daß er Oberkeit muß einsetzen und erhalten und ihr das Schwert und Gesetze befehlen, daß sie alle, die ihr nicht gehorchen, töten und strafen solle, als die auch wider Gott und seine Ordnung streben und des Lebens nicht wert sind.“[55]) So kann Luther denn sagen: „Wo ein Staatswesen ist, da ist es ein großes Geschenk, und es kann ohne Gottes Wort nicht sein. Wo ein Staatswesen ist, da geschieht ein Wunder.“[56]) Auch die Obrigkeit und wer ihr gehorsam ist, tut einen Dienst der Liebe. Das hat Luther bekanntlich am Kriegsmann deutlich gemacht. Dessen Tun mit „Würgen und Rauben“ scheint zunächst alles andere als ein dem Christen ziemendes Werk zu sein. Wenn man tiefer schaut und erkennt, wie es die Frommen schützt, Haus und Hof, die Ehre und den Frieden, sei es auch durch Kampf, erhält, so sieht man, daß es in Wahrheit ein Werk der Liebe, ja daß es köstlich und göttlich ist.[57]) Es gibt so etwas, wie eine Freude Gottes an der Wehrhaftigkeit. „Das gefällt ihm wohl, daß man sich vor Menschen und Teufel nicht fürchte, keck und trotzig, mutig und steif wider sie sei, wenn sie anfangen und Unrecht haben.“[58]) Von da aus gewinnt Luther die rechte Einsicht in das Verhältnis von Reich Gottes und Staat: „Eben wie das weltlich Regiment auch Gottes Reich genennet mag werden. Denn er will haben, daß es bleiben und wir uns in demselben gehorsamlich halten sollen. Aber es ist nur das Reich mit der linken Hand. Sein rechtes Reich aber, da er selbst regieret, da er nicht Vater und Mutter, Kaiser und König, Henker und Büttel hinsetzt, sondern da er selb ist, ist dieses, da den

---

[55]) WA 31 I, 192 25: Der 82. Psalm ausgelegt. Luther kommt bei Psalm 82, 1 auf den Staat, weil er unter den „Göttern“, über die Gott nach V. 1 Richter ist, die weltlichen Obrigkeiten versteht.

[56]) WA 31 II, 590 11: Vorlesung über das Hohelied. Vgl. auch die Auslegung des 127. Psalms: WA 40 III, 202 ff.

[57]) WA 19, 625 26: Ob Kriegsleute auch in seligem Stande sein können . . . von 1526.

[58]) WA 19, 649 27.

Armen das Evangelium gepredigt wird."[59] „Obrigkeit ist göttliche Ordnung, und zwar nicht nur der ideale Staat, sondern jeder wirkliche, tatsächlich bestehende, mit allen seinen Fehlern und Schwächen."[60]

Von solcher Voraussetzung aus ist d a s V e r h ä l t n i s , i n d e m d e r A m t s = t r ä g e r z u G o t t s t e h t, deutlich. Er handelt nicht gegen Gottes Willen, wenn er Gewalt anwendet und dem Bösen widersteht. Er ist auch nicht für den Bereich seiner Amtstätigkeit aus Gottes Zucht entlassen und an die schlimmen Notwendig= keiten dieser Welt ausgeliefert. Er leistet vielmehr Gottesdienst.[61] „Das aber sei zum Trost und zur Ermahnung einer Amtsperson (magistratus) gesagt: Er soll wissen, daß er nicht seine Sache, sondern eine göttliche treibt, und sie mögen dessen gewiß sein, daß sie Diener Gottes sind und ein göttliches Werk wirken und daß sie im Stande des Heils stehen, damit sie um so mehr wagen, recht und schlicht zu urteilen."[62]

So muß sich der Amtsträger ganz hineingeben in den Dienst, der von ihm ge= fordert ist. Er muß seine Entscheidungen, wie bei allem sittlichen Tun, in freiem, wagendem Ermessen fällen. Wie ich meine Kinder zu erziehen habe, darüber gibt es wohl eine tiefschürfende pädagogische Besinnung und ein reiches Erfahrungs= erbe, aber keinerlei gesetzliche Vorschrift. Ueber den Einzelfall als solchen steht auch in der Bergpredigt nichts. Wir sind da in die Freiheit des verantwortlichen Handelns hineingestellt. Nur das Ziel ist uns als klare Aufgabe gesetzt. Das gleiche gilt vom Staatsmann. Nur daß er es noch viel schwerer hat. Auch für ihn gibt es nur die eine Norm, daß er den furchtbaren Ernst dessen erkennt, was ihm auferlegt ist. Aus diesem Wissen muß er handeln. Wenn er es aus Sachlichkeit heraus tut, wird sein Wirken Liebesdienst sein an seinem Volk. Wir wissen, wie Luther das gemeint hat, wenn er immer wieder zu politischen Fragen verantwortlich Stel= lung genommen hat, gleich ob es sich um den Krieg gegen die Türken oder um den Bauernaufstand oder um Kaufhandlung und Wucher, um Fragen der Preis= gestaltung, des Kaufs ausländischer Waren, des falschen Bankerotts oder was es sonst war, handelte.

---

[59] WA 52, 26₂₁: Hauspostille von 1544.

[60] Paul Althaus, Der Römerbrief S. 107 in: Das Neue Testament deutsch Bd. II, 1932.

[61] WA 6, 259₁₉ ff.

[62] WA 14, 554₃₄: Vorlesung über das Deuteronomium von 1523/24. Vgl. auch die schöne Stelle WA 31 I, 191₃₂ ff.; WA 41, 746₂₈: Predigt über Matth. 5, 20 ff. vom 16. 4. 1534.

26

Auch der Amtsträger bleibt bei alledem Christ und soll als Christ das öffentliche Leben ebenso wie das seiner Ehe schöpferisch gestalten. Denn alle Lebensordnungen haben ihren Sinn darin, daß sie dem Bösen wehren oder — nicht nur verneinend, sondern bejahend ausgedrückt — daß sie dahin streben, Liebesgemeinschaften zu sein oder zu ermöglichen. Wer daran mitarbeitet, verwirklicht in übertragener Weise das Ziel der Bergpredigt. Die Mittel sind allerdings nicht die von der Bergpredigt genannten, sondern die der irdischen Ordnung entsprechenden, Gesetz, Gewalt, Strafe und sofort. Aber bei ihrer Anwendung bleibt für den Glaubenden die Verantwortung vor Gott. Und das heißt: In einem rechten Verständnis bleibt für ihn die Bergpredigt auch bei seinem Tun im Amte ganz unmittelbar in Kraft. In welcher Weise wird nun noch zu zeigen sein.

9.

Jeder Mensch hat sein Amt in der Welt. „So möchst du sprechen: Wie aber, wenn ich nit berufen bin, was soll ich danne tun? Antwort: Wie ist's möglich, daß du nit berufen seiest? Du wirst ja in einem Stand sein; du bist ja ein ehlich Mann oder Weib oder Kind oder Tochter oder Knecht oder Magd. Nimm den geringsten Stand für dich. Bist du ein ehlich Mann, meinst du, du habst nicht genug zu schaffen in demselben Stand? Zu regiern dein Weib, Kind, Gesind und Güter, daß es alles gehe in Gottes Gehorsam und tuest niemand Unrecht?"[63] Aber diese Lebensordnungen dürfen nie Selbstzweck werden. Sie haben ein sittliches Ziel. „Und tuest niemand Unrecht!" So klingt der Hinweis auf die Forderungen unseres Amtes aus. Berufserfüllung ist Dienst, schlechthinniger Dienst. Darin eben ist sie sinnvolle Verwirklichung der Bergpredigt. Im Beruf wird die Liebe zur Tat. Aber wirklich die Liebe als Hingegebensein an den Anderen, als Hingegebensein an Gott. Nicht ein Liebesbegehren, das irgend wen oder irgend was sich zu eigen machen will. Freilich, wenn man die Liebe, wie Wünsch es durchweg tut, durch den gar nicht neutestamentlichen Begriff der „Güte" ersetzt, verdirbt man alles. Von der Macht des Geistes, die uns überkommt und durchwaltet, ist die Rede, nicht von unseren Gemütshaltungen. Und auch der Grundsatz, daß man einander nicht widerstehen solle, wie Tolstoi ihn

---

[63] WA 10 I 1, 308 6, 309 14: Kirchenpostille von 1522.

verkündet, ist nicht Liebe. Er ist ja ein rein formaler Satz. Ich kann ihn an-
wenden, und dabei kann mir der andere Mensch ganz gleichgültig bleiben, wie
denn in der Tat seine Befolgung zumeist der Ausdruck der tiefsten Mißachtung
eines Menschen gegen den andern ist. Man darf nicht ausweichen; sondern muß
dem standhalten, was das Neue Testament unter Liebe versteht. Das ist von uns
gefordert. Auch die Härte, die ich im Amt anwende, auch der Zorn, den ich sichtbar
werden lassen muß, soll Liebe sein! Das fordert der Jesus, der die Bergpredigt
gehalten und darin so schroffe Worte gegen die edelste Frömmigkeit seiner Zeit
gesprochen, der ganzen Ortschaften den Untergang angedroht, der den Tempel
mit der Geißel in der Hand gesäubert hat. Mit dieser Einsicht stehen wir vor der
letzten Frage der Bergpredigt.

Ist denn unser Tun im Berufe wirklich immer Liebe? Offen-
bar ist auch an unser Amtshandeln ein höchster, ein nichts Geringeres als Vollkommenheit verlangender Anspruch gestellt. Offenbar sind wir auch dort einem
Gericht unterworfen. Daß wir in Ausübung unseres Berufes hart sein müssen,
erinnert uns daran, daß wir unter dem Fluch der Sünde stehen. Aber wir können
daran nichts ändern. Wir müssen dem stillehalten. Nicht daß wir in Ordnungen
wie Kindschaft, Ehe, Berufsgemeinschaft, Staat leben müssen, ist das Böse. In
alledem können, ja sollen wir dennoch ein getrostes, fröhliches Gewissen haben.
Aber daß wir in diesen Bindungen nicht so handeln, wie wir nach Gottes Willen
sollen, das wandelt die Erbsünde in unsere ganz persönliche Schuld.

Wir hören noch einmal Luther: „Aufs erste ist der Unterschied fürzunehmen,
daß ein ander Ding ist Amt und — Person, oder Werk und — Täter. Denn es
kann wohl ein Amt oder Werk gut und recht sein an ihm selber, das doch böse und
unrecht ist, wenn die Person oder Täter nicht gut oder recht ist oder treibts nicht
recht. Ein Richteramt ist ein köstlich, göttlich Amt, es sei der Mundrichter
(der das Urteil spricht) oder Faustrichter, welchen man den Scharfrichter heißt.
Aber wenn's einer fürnimmt, dem es nicht befohlen ist, oder der, so des Befehl
hat, nach Geld und Gunst ausrichtet, so ist's bereits nicht mehr recht noch gut.
Der eheliche Stand ist auch köstlich und göttlich, und doch ist mancher Schalk und
Bube drinnen.“[64] Nicht die Ordnungen dieser Welt sind böse,
auch wenn sie durch die Sünde bedingt sind, sondern die Haltung, in
der ich in ihnen stehe, kann gut oder schlecht sein. Die Tatsache,

[64] WA 19, 624 18.

28

daß ich kraft eines Amtes handele, macht mich nicht verantwortungsfrei. Alles, was ich darin tue, soll ich „mit feinem christlichen Herzen" treiben.[65] Auch wenn ich als Weltperson innerhalb der irdischen Bindungen und Notwendigkeiten handele, soll doch das Herz in seinem Christentum rein bleiben, wie Christus fordert.[66] „Nur der Christ", sagt Althaus, „kann in den geschichtlichen Lebensordnungen handelnd stehen, ohne sie zu mißbrauchen. Denn dem Christen ist die Reinheit, Freiheit, Selbstlosigkeit des Herzens und damit die tiefe Sachlichkeit gegeben, die das Werk fordert."[67] Die Gefahr des Mißbrauchs ist groß, um so größer, je schwerer das Amt ist. Ein Fürst kann wohl den Himmel mit Blutvergießen verdienen wie andere mit Beten.[68] Aber an dem Sprichwort, daß ein Fürst oder Herr ein Wildpret im Himmel sei, ist schon etwas Wahres. Wie leicht vermißt er sich, die Welt zu regieren und hat doch nicht einmal sich selbst in der Gewalt.[69] Gott sieht jede Schuld, die ich im Amte auf mich lade. „Er selbst, Gott, will die bösen Oberkeiten strafen und der Oberkeit Gesetze oder Rechte setzen und stellen. Er will über sie Richter und Meister sein. Er will sie wohl finden, besser denn sie sonst niemand finden kann, wie er denn bisher getan hat von der Welt Anfang."[70]

Was besagen diese Einsichten, wenn sie in das Licht der Bergpredigt gestellt werden? Alle ihre Seligpreisungen und Forderungen laufen auf eine einzige hinaus: Auf die vollkommene Liebe zu Gott und zum Nächsten, das heißt auf die völlige Ausschließung jeder Selbstliebe. Das ist der Sinn des geistlich arm Seins. Das meint Jesus, wenn er sagt: „Niemand kann zweien Herren dienen". „Denn wo euer Schatz ist, da ist auch euer Herz." Der Mensch soll sich durch keine Eigensucht hindern lassen, Böses mit Gutem zu vergelten, Rock und Mantel hinzugeben, nicht nur eine, sondern zwei Meilen mit dem Nächsten zu gehen, ihm jeden Dienst zu leisten. Nicht daß ich Gottes Ordnungen in dieser Welt zerstöre, verlangt die Bergpredigt von mir. Aber daß ich meine Selbstsucht überwinde und in völliger Ausschließlichkeit für Gott da bin und für den Nächsten, das fordert

---

[65] WA 32, 392 31.   [66] WA 32, 393 14.

[67] Paus Althaus, Religiöser Sozialismus. Grundfragen der christl. Sozialethik 1921. S. 88.

[68] WA 18, 361 4.   [69] WA 10 I 1, 309 2.

[70] WA 31 I, 193 3. Vgl. auch die diesen ganzen Gedankengang in wundervoller Klarheit bestätigende Predigt über Matth. 5, 20 ff. vom 16. 4. 1534: WA 37, 381 ff., deutsch: 41, 743 ff., besonders S. 746, 28 ff.

sie in jedem ihrer Sätze mit unzweideutiger Klarheit von mir. Mit dieser ihrer Forderung aber bleibt die Predigt für mich ganz wörtlich in Kraft, ob ich in oder außer meinem Amte bin. Außer dem Amte bin ich nicht in meinem nirgendwo mit Sicherheit zu fassenden „Privatleben". Außer dem Amte bin ich, sobald ich in meine Amtshandlungen auch nur mit einem flüchtigen Gedanken mein persönliches Ich mit seinen Wünschen und Gelüsten einschalte. Dann muß ich sofort dies Ich aufopfern. Das fordert die Bergpredigt von mir in strenger Unerbittlichkeit. „Wenn sie es der Meinung tun", sagt Luther von den Christen im Amt, „daß sie nicht sich selb drinnen suchen, sondern nur das Recht und Gewalt helfen handhaben, damit die Bösen gezwungen werden, ist's ihnen ohne Fahr und mögen's brauchen, wie ein ander eins andern Handwerks, und sich davon nähren."[71]) Wie Luther diese Selbstlosigkeit versteht, macht er an folgendem Beispiel klar: „Also sehen wir, daß ein frommer Richter mit Schmerzen ein Urteil fället über den Schuldigen und ihm leid ist der Tod, den das Recht über denselben dringt. Hie ist ein Schein in dem Werk, als sei es Zorn und Ungnad. So gar gründlich gut ist die Sanftmut, daß sie auch bleibt unter solchen zornigen Werken, ja am allerheftigsten im Herzen quellet, wenn sie also zürnen und ernst sein muß... Mein Gut, mein Ehre, meinen Schaden soll ich nit achten und nit drum zürnen. Aber Gottes Ehre und Gebot und unser Nächsten Schaden und Unrecht müssen wir wehren, die Oberen mit dem Schwert, die Andern mit Worten und Strafen und doch alles mit Jammer über die, so die Straf verdienet haben."[72]) Wer da fragt, wie er dies Ziel erreiche, den mahnt Luther zur steten Uebung in der Selbstüberwindung: „Er nehme seinen Feind vor sich, bilde denselben stetiglich vor seins Herzen Augen zu solcher Uebunge, daß er sich daran breche und sein Herz gewöhne, freundlich von demselben zu gedenken, ihm das Beste gönnen, für ihn sorgen und bitten, darnach wo die Zeit ist, wohl von ihm reden und wohltun."[73])

Der Schluß ist klar: der Mensch hat sich den Pflichten, welche die Ordnungen dieser Welt von ihm heischen, willig zu unterziehen. Er darf dabei nicht an sich, seinen Nutzen und seine Ehre, sondern nur an den Andern denken. Jede persönliche Rachsucht oder ähnliche Regung muß ausgeschaltet werden. Sobald es mich und meine Sache betrifft, muß ich zu jedem Opfer bereit sein. „Also gehet's denn Beides fein miteinander, daß du zugleich Gottes Reich und der Welt Reich genug

---

[71]) WA 11, 261 2.   [72]) WA 6, 267 21.   [73]) WA 6, 267 2.

tuest, äußerlich und innerlich, zugleich Uebel und Unrecht leidest und doch Uebel und Unrecht strafest, zugleich dem Uebel nicht widerstehest und doch widerstehest. Denn mit dem Einen siehest du auf dich und auf das Deine, mit dem Andern auf den Nächsten und auf das Seine. An dir und an dem Deinen hältst du dich nach dem Evangelio und leidest Unrecht als ein rechter Christ für dich, an dem Andern und an dem Seinen hältst du dich nach der Liebe und leidest kein Unrecht für deinen Nächsten, welches das Evangelion nicht verbeut, ja vielmehr gebeut am andern Ort."[74] Das inhaltschwere „zugleich", das so oft an entscheidenden Punkten von Luthers Theologie erscheint, hat auch hier seine Stelle.

Voraussetzung für die Annahme dieser Auslegung ist, daß ich diesen „anderen Ort", das Gebot „du sollst Gott und deinen Nächsten lieben wie dich selbst", mit Luther recht verstehe. Eben an der Bergpredigt hat Luther im Gegensatz zur katholisch = scholastischen Anschauung gelernt, daß — mit Holl zu reden — die echte christliche Liebe die Selbstliebe nicht voraussetzt, sondern ausschließt.[75] Schon früh hat Luther diese Anschauung mit aller Bestimmtheit vertreten.[76] Nicht drei Gebote, Selbstliebe, Nächstenliebe, Gottesliebe, hat Jesus gegeben, sondern in aller Klarheit nur zwei. Das „wie dich selbst" ist ein Gleichnis aus dem natürlichen, seinem Verständnis ohne Weiteres zugänglichen Leben des Menschen, aus dem Jesus so oft seine Bilder nimmt, um daran die Wirklichkeit des Reiches Gottes zu verdeutlichen, welche ja jene irdische Wirklichkeit gerade überwinden will. Wie wir als irdische Menschen von Natur uns selbst lieben, was der Quell aller Sündhaftigkeit dieser Welt ist, so sollen wir nach Jesu Gebot Gott und den Nächsten lieben. Das wird dann der Quell des ewigen Lebens sein, für das wir berufen sind.

Bleibt noch die schwere Frage: Wie kann ich es denn machen, daß ich nicht für mich selbst und meine Sache das Schwert brauche, sondern nur so, daß ich unter Ausschaltung meines Ichbegehrens rein das Amt vollziehe, das mir aufgetragen ist? „Antwort: Solch Wunder ist nicht unmöglich, aber gar seltsam und fährlich. Wo der Geist so reich ist, da mag's wohl geschehen... Wo die Vernunft auch so tun will, wird sie wohl vorgeben, sie wolle nicht das Ihre suchen. Aber es wird im Grund falsch sein. Denn ohn Gnade ist's nicht möglich."[77]

---

[74] WA 11, 255 13. [75] Karl Holl, Gesammelte Aufsätze I. Luther 6 1932 S. 251 f.
[76] WA 2, 577 28; 580 24: Auslegung des Galaterbriefs von 1519.

Gnade muß mein ganzes Tun gestalten, so wie es der Glaube durchwirken muß. Ich darf Gottes Willen tun. Ich darf die Bergpredigt erfüllen. Ich darf des Himmelreichs inne werden. Das ist die Seligpreisung der Bergpredigt, die eben ganz und gar Evangelium, Frohbotschaft ist. Aber damit ich das auch nur verstehe, geschweige denn als Wirklichkeit erfahre, bedarf ich der Vergebung. Gott muß mir vergeben, daß ich einer Welt angehöre, die ganz und gar sündig ist und darum der Ordnung durch das Schwert bedarf. Er muß mir vergeben, daß ich in Ausübung meines Amtes trotz allen Horchens auf seinen Willen immer wieder sachlich falsche Entscheidungen treffe. Er muß mir vergeben, daß ich mich immer wieder und wieder von der Eigensucht und Selbstliebe beherrschen lasse, statt in geistlicher Armut all mein Trauen und Glauben auf ihn allein zu setzen.

10.

Was ist das aber für ein Geheimnis, daß der Mensch im Dienste Gottes so viel Hartes, Gewaltsames tun muß und die Liebe, die darin wirkt, die Erfüllung der Bergpredigt, die ganz heimlich darin geschieht, so verborgen bleibt? Das ist das Geheimnis allen Gotteswaltens über den Menschen. Wie Gott zürnen muß, um darin seine ganze Liebe über uns auszuschütten, so müssen auch wir Menschen an unserem Nächsten das Harte tun, ein opus alienum, ein fremdes, uneigentliches, verhülltes Werk tun, damit das opus proprium, die eigentliche, reine, offene Tat der Liebe ihn treffen kann. Das ist der Sündenfluch, unter dem wir stehen. Und doch ist es auch etwas, was unser Tun im Dienste Gottes in geheimnisvoller Weise dem seinen ähnlich macht.[78] Wir spüren auch darin seinen Zorn und seine Liebe in Einem. Wir fühlen darin unsere ganze Gottesferne, und doch wirkt er eben damit sein Werk durch uns hindurch. Wir dürfen mit fröhlichem Gewissen an die Arbeit gehen, die er uns aufgetragen. Unser Tun wird sündhaft sein. Wir werden die ichsüchtigen Regungen nicht loswerden und auch nicht aufopfern. Aber inmitten dieses Lebens, das wir unter abertausend Leben und in lauter verzehrenden Bindungen als sündige Geschöpfe führen, geschieht etwas: Christus erfüllt die Bergpredigt, indem er unser Herr wird. Gott läßt kommen, was wirklicher ist als alle Erdenwirklichkeiten, sein Reich.

---

[77] WA 11, 261 9.

[78] Vgl. Karl Holl S. 283 und Paul Althaus, Religiöser Sozialismus S. 87. Aehnlich: Ottmar Dittrich, Luthers Ethik, 1930, S. 94 f.